Inhalt

Bilanzierung von Umsatzerlösen - IASB hat Standardentwurf aus dem Jahr 2010 überarbeitet

Kernthesen

Beitrag

Fallbeispiele

Weiterführende Literatur

Impressum

Bilanzierung von Umsatzerlösen - IASB hat Standardentwurf aus dem Jahr 2010 überarbeitet

Annett Kaindl

Kernthesen

- Der IASB nimmt einen neuen Anlauf zur Vereinheitlichung der Bilanzierung von Umsatzerlösen.
- Der im Juni 2010 herausgegebene Umsatz-Standardentwurf wurde aufgrund heftiger Kritik überarbeitet.
- Das Bilanzgremium veröffentlichte im November 2011 neue Vorschläge, wann und in welcher Höhe Unternehmen Umsätze

verbuchen dürfen.

Beitrag

Wesentliche Punkte des Standardentwurfs von 2010

Das International Accounting Standards Board (IASB) hat im November 2011 eine überarbeitete Fassung des im Jahr 2010 herausgegebenen Standardentwurfs "Erlöse aus Verträgen mit Kunden" veröffentlicht. Da der erste Standardentwurf einen Proteststurm in der Wirtschaft ausgelöst hatte, besserte der Standardsetzer in einigen Punkten nach. (3), (5)

Der Standardentwurf aus dem Jahr 2010 legt fest, wann und in welcher Höhe ein Unternehmen Umsätze verbuchen darf. Ziel ist eine einheitliche Gestaltung für die bisher geltenden unterschiedlichen Regeln für den Verkauf von Gütern und die Erbringung von Dienstleistungen beziehungsweise von Fertigungsaufträgen. Entscheidend für die Umsatzrealisierung ist zukünftig der Übergang der Kontrolle an dem Gut oder der Dienstleistung auf den Kunden. Das derzeit maßgebliche Risks-and-Rewards-Kriterium wird durch das Control-Kriterium abgelöst.

Der Standardentwurf bringt wenige Änderungen für einfache Verkaufsgeschäfte: Erhält ein Kunde eine bestellte Maschine geliefert, ist die Kontrolle übergegangen, der Verkäufer bucht seinen Umsatz. Aus Sicht von Bilanzexperten können sich umfangreiche Änderungen vor allem für die Unternehmen ergeben, deren Geschäft auf längerfristigen Fertigungsaufträgen oder Serviceverträgen basiert oder deren Leistungen aus mehreren Komponenten bestehen. [(3)](), [(4)]()

Der aktualisierte Standardentwurf von 2011

Vom Grundprinzip, die Umsatzrealisierung an den Übergang der Kontrolle zu binden, wurde im neuen Standardentwurf (Exposure Draft ED/2011/6) nicht abgewichen. Die Umsätze einer jeden Leistung sollen künftig dann erfasst werden, wenn der Kunde in der Lage ist, über die Nutzung eines Gutes oder einer Dienstleistung zu bestimmen und im Wesentlichen den daraus resultierenden Nutzen zu empfangen.

Das IASB hat viele mit den bisherigen Vorschlägen verbundene Unklarheiten beseitigt und die neuen Regelungen deutlich praxisnäher gestaltet.

Der Standardsetzer konkretisierte darüber hinaus die Indikatoren, nach denen der Kontrollübergang stattgefunden hat. Es besteht nunmehr ein ausführlicher Kriterienkatalog, welcher bei einer mehrperiodischen Leistungserstellung bei der Feststellung helfen soll, ob der Kunde im Zeitablauf Kontrolle über die einzelnen fertig gestellten Abschnitte erhält. Indikatoren für den Kontrollübergang sind beispielsweise Übergang der Chancen und Risiken, Erlangung des rechtlichen Eigentums durch den Kunden, unbedingte Zahlungsverpflichtung des Kunden oder der Nachweis der Leistungsabnahme durch den Kunden. (2), (3), (4)

Unterschiede zum ersten Standardentwurf

Langfristfertigung: Der erste Entwurf sah eine Abschaffung für die bei Werkverträgen sehr oft zum Einsatz kommende Ertragsvereinnahmung mit fortschreitender Leistungserbringung (Percentage-of-Completion-Methode) vor. Entsprechend dem aktuellen Entwurf ist die Erlösbilanzierung nach Projektfortschritt künftig weiterhin möglich. Dafür ist der Nachweis eines kontinuierlichen Kontrollübergangs an den Kunden nötig. Im neuen Standardentwurf hat das IASB genauere Kriterien entwickelt, wie der kontinuierliche Kontrollübergang nachgewiesen werden kann. Allerdings sind Unternehmen unter Umständen gezwungen, ihre Geschäftspraktiken und Verträge anzupassen, nur weil sich die Bilanzierungsvorschriften geändert haben. (3), (4)

Bestimmung der Umsatzhöhe: Entsprechend dem aktualisierten Standard ist der Transaktionspreis und somit letztlich die Summe des für diesen Vertrag zu realisierenden Umsatzes wie folgt zu bestimmen: Werden variable Vergütungskomponenten vereinbart, sind diese entweder mit dem Erwartungs- oder dem wahrscheinlichsten Wert zu bewerten, wobei der Wert zu bilanzieren ist, welcher eine bessere Einschätzung über die künftige Erfüllung liefert. Beinhaltet ein Vertrag eine wesentliche Finanzierungskomponente, ist der Transaktionspreis um den Zeitwert des Geldes anzupassen. Eine Anpassung darf unterbleiben, sofern bei Vertragsabschluss davon auszugehen ist, dass der Zeitraum zwischen Zahlung des vereinbarten vertraglichen Entgelts und der Erbringung der vereinbarten Leistungsverpflichtungen ein Jahr oder weniger beträgt. (1), (2)

Bonitätsrisiken des Kunden werden nicht bei der Bestimmung des Transaktionspreises, sondern bei der Bilanzierung der Forderungen berücksichtigt. (2)

Sämtliche Anpassungseffekte sind in einer separaten Zeile der Gewinn- und Verlustrechnung nach den Umsatzerlösen zu erfassen. (2)

Geschäfte mit mehreren Komponenten: Bei Geschäften mit mehreren Komponenten müssen die Unternehmen künftig jede Teilleistung separat erfassen. Mehrkomponentenverträge sind in der Telekommunikations- und Softwarebranche, der Maschinenbauindustrie und darüber hinaus in den Industrien anzutreffen, in denen die Veräußerung eines Gutes in zeitlichem oder sachlichem Zusammenhang mit dem Abschluss eines Servicevertrags erfolgt. (1)

Der laute Protest, insbesondere aus der Telekommunikationsbranche, wurde nicht erhört. Bei den Unternehmen dieser Branche gehören beispielsweise der Verkauf des Mobilfunktelefons und der Mobilfunkvertrag untrennbar zusammen. Das Gerät kann nur deshalb zu einem so niedrigen Preis angeboten werden, weil sich der Kunde im Gegenzug zwei Jahre an den Anbieter bindet. Das IASB lehnt die bisherige Praxis ab, wonach das unter Wert abgegebene Handy im Bündel mit dem Netzvertrag über die Laufzeit verteilt als Umsatz gebucht wird. Nun müssen die Unternehmen bei Vertragsabschluss einen Umsatz in Höhe des relativen Einzelveräußerungspreises des Handys buchen. Der ausgewiesene Umsatz weicht somit vom

Rechnungsbetrag, den der Kunde bezahlt, ab. Das IASB hat die Bedenken der Branche durchaus diskutiert, sieht es jedoch kritisch, dass die Telekommunikationskonzerne ihre Umsätze über die beliebige Höhe des Handypreises relativ frei gestalten können. (1), (3), (4)

Branchen mit Mehrkomponentenverträgen werden infolge des Auseinanderfallens von Rechnungsstellung und Bilanzierung von erheblichen Prozess- und Systemanpassungen betroffen sein. (1)

Ein zentraler Punkt bei Mehrkomponentenverträgen ist die Verteilung des Transaktionspreises auf die einzelnen Leistungsverpflichtungen. (1)

Zusammenfassung und Aufspaltung von vertraglichen Vereinbarungen: Höhe und Zeitpunkt der Umsatzerfassung können in Abhängigkeit davon variieren, ob ein Vertrag mit einem anderen Vertrag als wirtschaftliche Einheit zu betrachten ist oder umgekehrt gegebenenfalls in weitere Einzelkomponenten aufzuspalten ist. Es geht darum, die zutreffende Rechnungslegungseinheit zu bestimmen, die vom Bilanzierenden abzubilden ist.

Im aktualisierten Standardentwurf wird näher definiert, wann ein Gut oder eine Dienstleistung separat zu behandeln sind. Dieser Fall liegt vor, wenn die versprochenen Güter und Dienstleistungen eindeutig verschieden sind. Davon kann ausgegangen werden, wenn die Güter normalerweise separat verkauft werden oder wenn dem Kunden durch die einzelnen Güter oder Dienstleistungen ein eindeutiger Nutzen beziehungsweise ein Nutzen in Verbindung mit anderen dem Kunden zur Verfügung stehenden Ressourcen entsteht.

Eine Zusammenfassung einzelner Güter und Dienstleistungen zu einer Leistungsverpflichtung ist vorzunehmen, wenn kumulativ folgende Bedingungen erfüllt sind: Die einzelnen Güter und Dienstleistungen sind eng miteinander verzahnt, und bei der Übertragung an den Kunden entsteht ein hoher Integrationsaufwand. Zusätzlich muss das Bündel an Gütern und Dienstleistungen wesentlich an die Bedürfnisse des Kunden angepasst sein. (2)

Zukünftig notwendige Angaben im Anhang

Im Standardentwurf finden sich Vorgaben hinsichtlich qualitativer und quantitativer Angaben zu Kundenverträgen, die im Anhang zu veröffentlichen sind. Angaben zu Kundenverträgen sind in folgendem Umfang zu treffen: (1)

- Aufschlüsselung von Umsatzerlösen der laufenden Periode in Kategorien
- Überleitungsrechnung vertraglicher Ansprüche und

Verpflichtungen vom Ende der Vorperiode zum Ende der aktuellen Periode
- Angaben zu bestehenden Leistungsverpflichtungen des Unternehmens aus Kundenverträgen

Trends

Der Standardentwurf kann auf der Internetseite des IASB eingesehen und bis zum 13.03.2012 kommentiert werden. Die Anwendung ist frühestens ab 2015 vorgesehen. Der endgültige Standard "Revenue from Contracts with Customers" wird für das 2. Halbjahr 2012 erwartet. (2), (4)

Fallbeispiele

Ein Kunde X erwirbt vom Unternehmen Y Equipment für 100 EUR. Zugleich schließt X einen Servicevertrag mit Y ab. Die Laufzeit des Vertrags beträgt zwei Jahre. Während dieser zwei Jahre muss der Kunde eine monatliche Gebühr von 50 EUR zahlen (insgesamt 1.200 EUR). Y würde das Equipment separat für 300 EUR veräußern. Der Vertrag beinhaltet keine wesentliche Finanzierungskomponente.

Der Vertrag besteht aus zwei separaten Leistungskomponenten, und es ergibt sich ein

Transaktionspreis i.H.v. 1.300 EUR (1.200 EUR für den Servicevertrag + 100 EUR für das Equipment). Die Aufteilung des Transaktionspreises auf die einzelnen Leistungskomponenten kann der nachfolgenden Tabelle entnommen werden:

Komponente	Vertragspreis der Komponente	Absoluter Einzelveräußerungspreis	Relativer Einzelveräußerungspreis
Equipment	100 EUR	300 EUR	20 % (300 / 1.500)
Servicevertrag	1.200 EUR	1.200 EUR	80 % (1.200 / 1.500)
Total	1.300 EUR	1.500 EUR	100 %

Der relative Einzelveräußerungspreis des Equipments i.H.v. von 260 EUR muss, wenn der Kunde X die Kontrolle über das Equipment erhält, als Umsatz realisiert werden. Der relative Einzelveräußerungspreis i.H.v. 1.040 EUR, der dem Service zugeordnet wurde, ist gleichmäßig über die Vertragslaufzeit von 24 Monaten als Umsatz zu realisieren. (1)

Weiterführende Literatur

(1) Bilanzielle Erfassung von Umsatzerlösen nach dem überarbeiteten Standardentwurf "Revenue from Contracts with Customers" Eine Fallstudie zu den Auswirkungen des ED/2011/6 auf die Umsatzrealisierung

aus Kapitalmarktorientierte Rechnungslegung, Heft 1 vom 2.1.2012, Seite 42 - 48

(2) Veröffentlichung eines überarbeiteten Standardentwurfs zum Thema Umsatzrealisierung
aus Kapitalmarktorientierte Rechnungslegung, Heft 12 vom 1.12.2011, Seite 610

(3) Bilanzgremium bessert Umsatz-Standard nach. Das IASB präsentiert neue Vorschläge, wann und in welcher Höhe Unternehmen Umsätze verbuchen dürfen - und erntet dafür wieder Kritik
aus Kapitalmarktorientierte Rechnungslegung, Heft 12 vom 1.12.2011, Seite 610

(4) Bilanzgremium dreht bei IASB kommt Bauindustrie in Standard entgegen - Telekombranche nicht erhört
aus Börsen-Zeitung, 15.11.2011, Nummer 220, Seite 13

(5) Bilanzierung von Umsatzerlösen - Vorgeschlagene Neuerungen des IASB
aus GENIOS WirtschaftsWissen Nr. 12/2010 vom 07.12.2010

Impressum

Bilanzierung von Umsatzerlösen - IASB hat Standardentwurf aus dem Jahr 2010 überarbeitet

Bibliografische Information der deutschen Nationalbibliothek

Die Deutsche Nationalbibliothek verzeichnet diese Publikation in der deutschen Nationalbibliografie; detaillierte bibliografische Daten sind im Internet über http://dnb.d-nb.de abrufbar.

ISBN: 978-3-7379-1407-9

© 2015 GBI-Genios Deutsche Wirtschaftsdatenbank GmbH, Freischützstraße 96, 81927 München, www.genios.de

Alle Rechte vorbehalten. Dieses Werk ist einschließlich aller seiner Teile – z.B. Texte, Tabellen und Grafiken - urheberrechtlich geschützt. Jede Verwertung außerhalb der Grenzen des Urheberrechtsgesetzes bedarf der vorherigen Zustimmung des Verlags. Dies gilt insbesondere auch für auszugsweise Nachdrucke, fotomechanische

Vervielfältigungen (Fotokopie/Mikroskopie), Übersetzungen, Auswertungen durch Datenbanken oder ähnliche Einrichtungen und die Einspeicherung und Verarbeitung in elektronischen Systemen.